D1730807

Max Ernst

Die Nacktheit der Frau ist weiser als die Lehre des Philosophen

15,-
7/64

Es ist mir nicht gegeben, den Spezialisten zu gefallen. Weshalb bestehen Sie hartnäckig darauf, mir Fragen zu stellen? Zum Beispiel folgende:

Was bezweckten Sie, als Sie den Chant de la Grenouille (Froschgesang) malten?

Auf diese alberne Frage weiß ich nur eine heitere Antwort: „Den Frauen zu gefallen".

Eine andere Frage: „Wohin entwickelt sich die Malerei?"

Antwort: „Das menschliche Auge ist mit Glas-Tränen, geronnener Luft und salzigem Schnee bestickt."

F.: Sind Sie Philosoph?

A.: Mißverständnis von Leuten, die die Schifffahrt auf dem Gras einer Frauenbüste vorziehen.

F.: Immerhin werden Sie im Dictionnaire abrégé du surréalisme als Theoretiker dieser Doktrin bezeichnet.

A.: Ich habe die Entstehung einer Naturgeschichte erzählt, und das hat mir diesen Ruf eingebracht. Aber Jenseits der Malerei ist nur das Exposé gewisser Methoden, die ich ausgearbeitet und angewendet habe und die mir geholfen haben, für einige Mysterien der Natur imaginäre

Lösungen zu finden. Keine Theorie. Folgerungen ja. Zum Beispiel die, welche verlangt, daß man mit dem alten Mythos des ex-nihilo-schöpferischen Künstlers aufräume. Philosoph? Ja, ich bin es im Sinne der Einführung, die Georges Bataille (Pierre Seghers: Max Ernst. Propos et présence, 1960) geschrieben hat, und auch in dem Sinne, wie es Alexander Koval in einem Artikel mit dem Titel „Halluzinationen im Dienst der Revolution" (Aktion, Berlin 1952) darstellt:

„Max Ernsts Universum liest sich wie das Inhaltsverzeichnis eines zeitgenössischen philosophischen Werkes, das noch nicht geschrieben worden ist. Der ehemalige Philosophiestudent der Universität Bonn hat darauf verzichtet, dieses Werk zu schreiben; er hat es gemalt und fügt ihm Tag für Tag neue Kapitel und Kommentare an, ohne deshalb ein Illustrator der Philosophie zu werden".

F.: Was halten Sie von Kant?

A.: Die Nacktheit der Frau ist weiser als die Lehre des Philosophen.

F.: Warum haben Sie Euklid gemalt?

A.: Einen Euklid, den der Flug einer nicht-euklidischen Fliege beunruhigt.

F.: Warum haben Sie Leonardo da Vinci gemalt?

A.: Weil er sich gefragt hat: „Warum erscheint ein Bild im Spiegel gesehen schöner als in Wirklichkeit?"

F.: Minerva?

A.: Fällt mir auf die Nerven!

F.: Wie sieht der Tageslauf eines Malers aus?

A.: Als erstes bohrt er am Morgen ein Loch in die himmlische Rinde, die zum Nichts führt. Dann köpft er eine Tanne und verfehlt seine Laufbahn. Er inspiziert sein Steckenpferd, er spannt seine Staffelei vor das Steckenpferd. Er kriecht unter die Erdrinde und ist guter Laune. Er malt ein Schlüsselloch auf die Wand und entdeckt durch das Schlüsselloch die schwachen Lichtflammen.

Er läßt schwache Lichtfedern fliegen. Er grüßt ein paar dunkle Götter und die Nymphe Echo. Ein Fußabdruck neben einem offenen Grab zeigt ihm an, daß der Tag schön sein wird, der Hügel vom Geist beseelt und daß die Menschen nichts davon wissen werden.

F.: Warum haben Sie Europe après la Pluie (Europa nach dem Regen) gemalt?

A.: Der edle Rabe hat das Wort.

F.: Ubu Imperator?

A.: Ubu der König besiegt, verfolgt, verachtet. Er sucht sein Unheil in der Flucht. Mit Schmach und Scheibenhonig bedeckt kommt er zurück und ruft sich selbst zum Sklaven aus. Hoch lebe die Sklaverei! Freisklaven vor! Hunderte, tausende, ganze Nationen treten vor. Hoch lebe die Sklaverei! Hoch lebe Kaiser Ubu der Erste! Und ein anonymer Obersklave schreibt mir begeistert: „Wir lassen uns den Parademarsch nicht rauben!" Wie, wo und

wann das Sklavenschiff seine Fahrt beenden wird, weiß nur Ubu.

F.: Messalina als Kind?

A.: Messalina wurde als Kind von einer Nachtigall bedroht.

F.: Die chinesische Nachtigall?

A.: Polnischer Reiter.

F.: Der große Liebende?

A.: Malerei für die Jugend.

F.: Das Vogeldenkmal?

A.: Der Schlüssel der Lieder.

F.: W. C. Fields?

A.: Somnambuler Aufzug.

F.: Loths Töchter?

A.: Das Lied des Fleisches.

F.: Nach Westen wandernde Barbaren?

A.: Dreiunddreißig kleine Mädchen steigen in eine Kohlenmine hinab.

F.: Sie messen den Titeln Ihrer Werke offensichtlich große Bedeutung bei. Kommt es nie vor, daß Sie – ein Zeichen äußerster Modernität – ein Werk einfach Bild oder Komposition nennen und es mit einer Nummer bezeichnen?

A.: Die Buchführung scheint mir eine höchst unliebenswürdige Sache zu sein.

F.: Are you by any chance contemplating a visit to London?

A.: London ist so schön genug.

F.: Wie gehen Sie vor, um die Namen für Ihre Bilder zu finden?

A.: Ich dränge einem Bild niemals einen Titel auf: ich warte, bis sich der Titel mir aufdrängt. Wenn ich das Bild fertig habe, verfolgt es mich oft noch – manchmal sehr lange – und erst in dem Augenblick, wo der Titel wie durch einen Zauber erscheint, hört die Plage auf. Oft kommen mir harmlose Ereignisse des täglichen Lebens zu Hilfe. Zum Beispiel:

Kurz vor meiner Abfahrt in die Ferien habe ich ein Bild beendet. Es verfolgt mich, es fordert einen Namen, es läßt mir keine Ruhe. Damit beschäftigt, einen Titel zu finden, gehe ich in Genf am See spazieren, da spricht mich eine liebenswürdige Person an mit den Worten: „Le prince mange mal". Ich werde neugierig. „Es handelt sich nicht um ein Restaurant", sagt sie. Das dachte ich mir. „Ist es der Name einer Straße?" Sie sagt ja und läuft weg. Am nächsten Tag – ich hatte den kleinen Zwischenfall ganz vergessen – werde ich von einer (anderen) liebenswürdigen Person angesprochen: Sie beginnt: „Le prince ...", ich fahre fort: „mange mal". Verständnisinniges Lächeln von ihrer Seite. Mit Hilfe des Reims wird der Sinn des Satzes klar:

Le prince mange mal
Dans son lit conjugal.

Man könnte das etwa so übersetzen:

Des Prinzen Kost ist gar nicht nett
In des Prinzen Ehebett.

In diesem Augenblick schießt mir der Titel für das

Bild durch den Kopf. Es wird heißen: Les prin-
ces dorment mal (Die Prinzen schlafen schlecht).
F.: Ich habe den Eindruck, daß es Ihnen verdächtig
ist, wenn man in Verbindung mit dem Werk eines
Künstlers den Ausdruck „Schöpfung" gebraucht.
A.: Allerdings, der Ausdruck künstlerische Schöp-
fung, religiös angewendet, als ob es sich um eine
Mission handele, die der Künstler zu erfüllen hat,
und als ob ihm diese Mission wie einem Priester
von einem Gott aufgetragen sei und dieser Gott
Gott oder der Künstler selbst sei, und daß diese
Mission ihn über den Alltagsmenschen hinaus-
hebe – nein, davon will ich nichts hören. Beim
Durchblättern der Ersten Bilanz der aktuellen
Kunst (Edition Soleil noir, 1953) stoße ich auf die
Glaubensbekenntnisse zweier Künstler, die durch
die Ironie der alphabetischen Anordnung ein-
ander gegenüber stehen. Ich lese: „Was wir konkrete Kunst nennen, basiert auf Gesetzen, welche
die eigentlichen Schöpfungsgesetze sind, ohne von
Naturphänomenen zu borgen, weder in Form von
„Reproduktionen", noch von „Transformationen",
will sagen „Abstraktion". Die konkrete Kunst ist in
ihrer letzten Konsequenz der reine Ausdruck der
Harmoniegesetze. Sie schafft Systeme und verleiht
ihnen mit künstlerischen Mitteln Leben. Sie strebt
nach dem Universellen, obschon sie sich dem Ein-
maligen widmet."
Diese treuherzige und direkte Erklärung hat das

Verdienst, ganz klar die Ambitionen der Gruppe zu verraten, zu deren Wortführer sich der Unterzeichnende macht: den verjährten Mythos des schöpferischen Künstlers wieder auf die Beine zu stellen. Ich komme nicht um den Verdacht herum, daß sie den geheimen Zweck verfolgt, auch einen anderen Mythos wieder auf die Beine zu stellen, den der Schöpfung durch einen allmächtigen Schöpfer, welcher die Gesetze der Schöpfung und der Harmonie kennt. Die Kenntnis dieser Gesetze und das Talent, sie ins Werk umzusetzen, wären also gewissen Privilegierten vorbehalten, zu denen Max Bill, der diese Erklärung unterzeichnet, gehört. Seinem Programm fehlt es gewiß nicht an Stolz, es fehlt ihm vielleicht ein wenig an Wahrheit. Lesen wir jetzt auf der Seite gegenüber den folgenden schönen Gedanken von Jean Bazaine: „Das Elementare, dem wir dunkel zustreben, ist wie die Erde selbst die Zusammenfassung von unzähligen Schichten lebendiger Materialien. Die wahre Sensibilität beginnt, wenn der Maler entdeckt, daß die Strömungen des Baumes und der Wasserrinde verwandt, die Steine und sein Gesicht Zwillinge sind, und daß er, während die Welt sich so nach und nach zusammenzieht, unter diesem Regen der Erscheinungen die großen wesentlichen Zeichen aufsteigen sieht, die zugleich seine Wahrheit und die Wahrheit des Universums sind. Es geht nicht darum, der Natur vage Freundschaftserklärungen zu machen, sondern ganz genau die Natur zu unterschreiben, sich das Gewicht ihres Inhalts und ihre Absichten aufzubürden."

Wenn ich diesen scheinbar demütigen, an Forderungen und Poesie großen Text lese, finde ich mit einer gewissen Freude Ähnlichkeiten mit der Haltung, die ich seit langem als meine eigene angesehen habe. André Pieyre de Mandiargues drückt sich folgendermaßen aus: „... daß er (Max Ernst) lieber die größten Anstrengungen mache, um sich mit dem großen, universellen Konzert zu verschmelzen, sich in die vier elementaren Welten zu projizieren und eine totale Einheit mit den drei Reichen der Natur zu erzielen, anstatt sein Werk der Natur zu entziehen und es von ihr unterscheiden zu wollen. Daß solche Haltung in ihrer scheinbaren Demut der Gipfel des Stolzes sei, weil es in Wirklichkeit die ganze Natur sei, die Max Ernst mit seinem Siegel versehe – ich behaupte nicht das Gegenteil, aber wir pflegen weder den Kult der Bescheidenen noch den der Bescheidenheit." (Le Belvédère. Grasset 1958)

F.: Immerhin scheinen mir zwischen dem Werk Bazaines und dem Ihrigen wenig Ähnlichkeiten zu bestehen.

A.: Bazaines große Fähigkeit zur Sammlung scheint von keiner Störung getrübt. Sein Werk, gesegnet mit den Zeichen der Einheit und der Harmonie, löst ein Klima des geistigen Wohlbefindens aus, das in unserer Epoche ungewohnt ist. Die Natur lesen, gutheißen und unterschreiben zu können, scheint mir ein beneidenswertes Glück zu sein. Der Wille, sie mit seinem Siegel zu versehen (wie Mandiargues von mir sagt), bezeichnet zweideutige Gefühle für sie, schließt die Revolte nicht aus. Er bringt Ungestüm und Kehrtwendungen mit sich.

„Sehr geehrte Frau Natur:
Zypressen, so fern!
Sie sind die schönste der Gärtnerinnen, aber Ihre Hand versteckt uns oft die Erde. Ihre Engelsstimme bewohnt das Meer der Heiterkeit, aber Ihre bitteren Fluten zermürben die Erde. Das Auge Ihres Schweigens spiegelt sich in einem gestohlenen Spiegel.
Liebe Windsbraut, erlauben Sie mir, mich von Ihnen zu verabschieden. Ich lasse mich bei den Antipoden der Landschaft nieder, wo ich im Stall der Sphinx wohnen und bei jeder Fehlzündung den Frühling entweihen werde.
Ich versichere Sie, sehr geehrte Frau Natur, meiner gemischten Gefühle. Max Ernst."

Mein Vagabundieren, meine Unruhe, meine Ungeduld, meine Zweifel, meine Glauben, meine Halluzinationen, meine Lieben, meine Zornausbrüche, meine Revolten, meine Widersprüche, meine Weigerungen, mich einer Disziplin zu unterwerfen, und sei es meiner eigenen, die sporadischen

Besuche von perturbation, ma soeur (Störung, meine Schwester), la femme 100 têtes (Die hundertköpfige Frau) haben kein Klima geschaffen, das einem ruhigen, heiteren Werk günstig wäre. Wie mein Benehmen, so ist auch mein Werk: nicht harmonisch im Sinne der klassischen Komponisten, nicht einmal im Sinne der klassischen Revolutionäre. Aufrührerisch, ungleichmäßig, widersprüchlich, ist es für die Spezialisten der Kunst, der Kultur, des Benehmens, der Logik, der Moral unannehmbar. Es hat dafür die Gabe, meine Komplizen: die Dichter, die Pataphysiker und ein paar Analphabeten zu bezaubern.

F.: Einige Ihrer Dichter-Freunde haben in Ihrer Haltung eine radikale Veränderung festgestellt. In einem Artikel mit dem Titel „Das Glück des Max Ernst", Quadrum, sagt Alain Bosquet: „Die Bilder, die dieses Jahr ausgestellt sind (1958), und die man unter das Zeichen der Touraine stellen könnte (aus mehreren Gründen: Max Ernst lebt dort in einer Umgebung, die unweigerlich an gewisse Gedichte von Ronsard und auch an die „douceur angevine" von Joachim du Bellay erinnert), bezeichnen eine Synthese seiner verschiedenen Beschäftigungen und der Heiterkeit, die ihm während der Zeit in Arizona eigen geworden ist. Diese Integration geschieht mit einer bewundernswert natürlichen Frische, Märchenhaftigkeit und feiner Impertinenz. (. . . .)

Frische und Natürlichkeit? Sie kommen von der Überraschung, die das Schauspiel des Universums als Beute seiner eigenen Machtworte für Max Ernst bedeutet, und von der Entdeckung seiner selbst als des Anderen, die sich unaufhörlich reproduziert. Das Wohlbefinden von Arizona hat sich in Märchen verwandelt. Er wohnt im Wunderbaren, wie Alice im Spiegel wohnt; er durchschreitet es, er ist ein Teil von ihm, er ist sein Meister. (....)" Was sagen Sie dazu?

A.: „Vom Zeitalter der Angst" bis zur „Kindheit der Kunst" bedarf es nur einer halben Umdrehung des orthochromatischen Rades. Zwischen dem Kindermord von Bethlehem und dem Durchschreiten des Spiegels liegt nur das Intervall einer hellen Nacht. Die neue Dimension, die sich in meinem Werk durchgesetzt hat, ist im Stadium des Entwurfes schon immer dagewesen. Mit dem Namen Alice, den ich ihr zuschrieb, bekommt sie ihre Bedeutung.

Alice ist da: Beim Zusammentreffen zweier Schilder, wovon eines für eine Heringsschule, das andere für eine Kristallschule ist, gehen dreiunddreißig kleine Mädchen auf die Jagd nach dem weißen Schmetterling, tanzen die Blinden in der Nacht, schlafen die Prinzen schlecht und gehört das Wort dem edlen Raben.

Nach Patrick Waldberg ist die Veränderung radikaler; sie kommt einer Umkehrung der Vorzeichen gleich. Er präzisiert das Datum (1942), er analysiert das erste Symptom (das Bild Der Surrealismus und die Malerei), er unterstreicht das Zusammentreffen mit meiner Begegnung mit Dorothea Tanning. Er sagt: „... Der Surrealismus und die Malerei. ... es ist, als ob er (darin) versucht hätte, seine stechendsten Alpträume zu beschwören. Die zentrale Form personifiziert in ihrer ungewöhnlichen Häßlichkeit das Unbehagen und setzt die Herausforderung fort, mit der schon frühere Bilder behaftet waren: Menschliche Gestalt (1927), Heinrich IV, La Lionne de Belfort et un Ancien Combattant (Die Löwin von Belfort und ein Veteran) (1935), Frühstück im Freien (1936). Mit dem Monstrum von 1942 ist jedenfalls ein Paroxysmus des Schreckens erreicht, über den hinauszugehen der Maler wahrscheinlich nicht ohne Gefahr riskieren kann.

Die Allgemeinheit des Titels: Der Surrealismus und die Malerei, zugleich Programm und Position, und wenn man nur ein wenig darüber nachdenkt, auch Fragestellung, besagt, daß der Künstler sich bewußt ist, hier den Zufall überschritten zu haben. Er wollte die Bewegung der Larven umzingeln, die sein unbewußtes Leben beherrschten, und dabei hat er sich darin verfangen. Er konnte sich nur losreißen, indem er (in seinem Werk) die Zeichen umkehrte: von diesem Bild an – das ich verdammt nennen möchte – wohnt man einer wundervollen Übersetzung von der Angst zur Verzückung bei. Wenn man sich in Erinnerung ruft, daß das Jahr dieses Bildes auch das Jahr von Max Ernsts Begegnung mit Dorothea ist, dann kann man nicht umhin zu denken, daß sie an dieser Verwandlung, die zu der Zeit mit ihm vorgegangen ist und die in seinem Werk zum Ausbruch kommt, nicht unbeteiligt ist." (Patrick Waldberg: Max Ernst, Verlag J.-J. Pauvert)

F.: Könnten Sie erklären, wie es möglich war, daß Sie, der Sie jede von irgendeiner Autorität aufgezwungene Disziplin ablehnen, sich solange haben in einer Gruppe halten können, die sich von einem Anführer leiten und terrorisieren ließ, der nicht die geringste Abweichung duldete und der in der Ausübung seiner Macht nicht zögerte, Strafen zu verhängen, die von einer einfachen Ermahnung bis zum Ausschluß gingen?

A.: Die geheiligte Strenge und die vollendete Technik des Herrschens, die der Anführer, wie Sie ihn nennen, besaß, taten ihre Wirkung nur bei denen, die aus Lust, Angst, Fanatismus, Ehrgeiz oder anderen Tugenden Märtyrer sein wollten. Unerläßlich für das gute Funktionieren der Gruppe, waren sie ziemlich zahlreich und konnten im Falle des Ausschlusses leicht ersetzt werden. Es war selten, daß diejenigen, die ihrerseits für die Ausstrahlung der Gruppe unerläßlich waren, es sich erlauben konnten, den Herrschermethoden des Chefs ihren

Willen entgegenzusetzen und sich in Fällen von Irrtum und Ungerechtigkeit nicht zu unterwerfen. Das erforderte spezielle, schwierige, subtile, komplizierte Techniken, welche einige Surrealisten der ersten Welle in den paar Jahren der relativ freundschaftlichen Beziehungen zu Breton ausgearbeitet und vervollkommnet haben. Eluard war ein Meister dieses grausamen Spiels. Anfangs amüsant, wurde dieses Spiel langweilig, peinlich, abscheulich, unerträglich in dem Maße, wie sich die Situationen vergifteten, die Uneinigkeiten verschärften, die Ungerechtigkeiten vervielfachten. Deshalb habe ich beschlossen, mich von der Gruppe zu trennen. Die Gelegenheit wurde mir durch die Offenherzigkeit Benjamin Pérets gegeben, der mich in seiner Eigenschaft als Vertreter des Chefs an einem Dezembertag des Jahres 1938 in meinem illegalen Domizil, Rue Jacob 12, aufsuchte mit dem Auftrag, mir mitzuteilen, daß sich jedes Mitglied der surrealistischen Gruppe aus politischen Gründen verpflichten müsse, die Dichtungen Paul Eluards mit allen ihm zur Verfügung stehenden Mitteln zu sabotieren. Befehl des Chefs. Weigerung habe den Ausschluß zur Folge.

Diese Tat schien mir als erste zu verdienen, in die Geschichte der Niedertracht aufgenommen zu werden.

Eluard war bereits ausgetreten, Man Ray, Tanguy, Freunde von Paul, hatten sich der monströsen

Forderung nicht gebeugt.

Sechzehn Jahre später wurde mein Bruch mit der damaligen Gruppe bekräftigt mit der größeren Exkommunikation, die sogar den Chef einbezog, vorgenommen durch die heutige Gruppe.

Grund: Ich habe meine Seele dem Vatikan und meine Integrität den Kaufleuten von Venedig verschachert.

F.: Wie kann ein Maler ...

Antwort: Hirondil, Hirondelle, das Schnabelpaar:
    Wo vor jahren ein haus stand
    da steht jetzt ein berg
    wo vor jahren ein berg stand
    da steht jetzt ein stern
    die schnabelkinder stoßen fröhlich ins horn
    und gellen deutlich in die nacht
    das weltall bespringt das weltnichts in
                          chemischer lust
    und siehe
    wo vor jahren ein stern stand
    da steht jetzt ein schnabelmax
    und die nachtigall die vielgeliebte schnabel-
                             braut
    Jedesmal wenn schnabelgötter im weltgebäude
                         einhergehen
    und in gleichmäßigem rhythmus langsam dabei
                           stampfen
    malt der schnabelmax ein weltbild in den welt-
                            raum
    ballt die faust und faßt sich an die stirn

die schnabeltiere schauen verwundert zu
schürzen ihre kleider und plappern köstlichen
unsinn
die übermutter aber gebiert aus übermut ein
erwachsenes weltkind
und nennt es unstern untier überzwerg
Nun aber es winter wird in dem bild
und der schnee zerfällt auf dem boden
und alles bunte zerfließt im dunkel
und wenn dann das stampfen der götter sehr
vernehmlich wird
voll stier voll entrüstung voll aber und
wechsel
und lassen sie dann die klingen aufeinander
umschweifig klappen
im zornhau mit stöcken und stangen und
stößen
bis gar tief in den leib hinein
und stechen sie auch der sonne von vorne
und von hinten
inwendig ins gesicht
so daß also wenn das glück kommt
der mond dir zu füßen rollt
Und wenn sie's dann wieder regnen lassen
über europa
über kafkasien und kafkamerika
nach verbrachtem hau in taubheit und trübsal
und ganzer gewalt

statt fröhlicher gesellen und liebe und weisheit
und werden wie sich's geziemt ihre köpfe zu
stein
ihre elfen zu bein
ihre herzen ledern
und hölzern ihre federn
so kehrt das schnabelpaar den hartgesottenen
göttern den rücken
Die schnabelbraut trägt den seidenen regen-
bogen um die ecke
richtet ihn in der nebenstraße auf und wirft
ihn um
dann geht sie an ihren platz und legt sich
nieder
Die sprachlosen schnabeltiere aber opfern voll
imaginären hoffens
den lahmen göttern einen blinden hahn
nebst zahllosen blinden hühnern mit silbernen
haaren
und da auch dieses und alles nichts hilft
so schauen sie machtlos auf zum fenster
und lassen worte fallen voll herbst und ver-
zweiflung
Der schnabelmax steckt sein weltbild unter den
arm
hebt es lächelnd in die höhe
er schlägt es auf er klappt es zu

und legt es auf den welttisch zur gefälligen
                                    betrachtung
Frau nachtigall geht ans fenster
stellt einen stuhl vors fenster
faßt den griff mit gleichgewicht
öffnet das fenster
sieht in die höhe gellt unbegreiflich in die
                                    nacht und
schließt das fenster
Schnabelmax geht zur tür
zieht den schlüssel aus der tasche
öffnet die tür
erblickt das weltnichts
schließt das rechte auge und die tür
öffnet den mund
zählt seine zähne
verschluckt das weltall
zählt die monde
zählt die jahreszeiten
schüttelt den kopf und berührt seine stirn
Da wird sein linker augapfel zum erdball
er nimmt ihn zwischen daumen und zeige-
                                    finger
rollt ihn über den tisch
knallt ihn zu boden
schleudert ihn an die wand
fängt ihn mit der hand wieder auf
und steckt ihn

mitsamt dem schlüssel und dem mond in die
tasche
und siehe
Wo vor jahren ein stern stand
da wächst jetzt ein stern
wo vor jahren ein berg stand
da wächst jetzt ein berg
Wo vor jahren ein haus stand
da wächst jetzt ein haus

Max Ernst

La nudité de la femme est plus sage que l'enseignement du philosophe

Je n'ai pas le don de plaire aux spécialistes. Pourquoi s'obstinent-ils à me poser des questions?

Celle-ci par exemple :

Quel était votre but en peignant le Chant de la Grenouille?

A cette question niaise je n'ai qu'une réponse sereine :

«Plaire aux femmes».

Autre question : «Où va la peinture?»

Réponse : «L'oeil humain est brodé de larmes bataviques, d'air caillé et de neige salée.»

Q : Etes-vous philosophe?

R : Erreur de ceux qui préfèrent la navigation sur l'herbe à un buste de femme.

Q : Pourtant dans le Dictionnaire abrégé du surréalisme vous êtes classé comme théoricien de cette doctrine.

R : Avoir écrit le récit de la genèse d'une Histoire Naturelle m'a valu cette appellation. Mais Au delà de la Peinture n'est que l'exposé de certaines méthodes élaborées et employées par moi, qui m'ont aidé à trouver des solutions imaginaires à quelques mystères de la nature. Nulle théorie. Des conclusions, oui. Celle par exemple qui veut qu'on en finisse avec le mythe vétuste de l'artiste-créa-teur-ex-nihilo. Philosophe? Oui, j'accepte entière-ment de l'être dans le sens de l'introduction de Georges Bataille et aussi dans celui proposé par Alexandre Koval dans un article intitulé Hallu-cinations au Service de la Révolution (Aktion, Berlin 1952) :

«L'univers de Max Ernst se lit comme la table de matières d'une oeuvre philosophique actuelle, non encore écrite. L'ancien étudiant en philosophie de l'université de Bonn a renoncé à écrire cette oeuvre; il l'a peinte, et de jour en jour il y ajoute de nou-veaux chapitres et commentaires, sans devenir pour cela un illustrateur de la philosophie.»

Q : Que pensez-vous de Kant?

R : La nudité de la femme est plus sage que l'en-seignement du philosophe.

Q : Pourquoi avez-vous peint Euclide?

R : Euclide intrigué par le vol d'une mouche non-euclidéenne.

Q : Pourquoi avez-vous peint Léonard de Vinci ?

R : Parce qu'il s'est demande «Pourquoi une pein-ture semble-t-elle plus belle vue dans un miroir qu'en réalité?»

Q : Minerve?

R : M'énerve.

Q : Quelles sont les occupations quotidiennes d'un peintre?

R : Première chose : le matin, il perce un trou dans

la croûte céleste qui donne sur le néant. Après il égorge un sapin et manque sa carrière. Il inspecte son dada, il attelle le chevalet à son dada. Il descend sous la croûte terrestre et il est de bonne humeur. Il peint une serrure sur le mur et, à travers le trou, découvre les faibles flammes de la lumière. Il fait voler les faibles plumes de la lumière. Il salue quelques dieux obscurs et la nymphe Echo. Une empreinte de pied à côté d'un tombeau ouvert lui indique que la journée sera belle, que la colline sera inspirée et que les hommes n'en sauront rien.

Q : Pourquoi avez-vous peint l'Europe après la Pluie ?

R : La parole est au noble corbeau.

Q : Ubu Imperator ?

R : La résurrection de Bosse-de-Nage.

Q : Messaline-enfant ?

R : Enfant, Messaline a été menacée par un rossignol.

Q : Le rossignol chinois ?

R : Cavalier Polonais.

Q : Le grand amoureux ?

R : Peinture pour jeunes.

Q : Le monument aux oiseaux ?

R : La clé des chants.

Q : W. C. Fields ?

R : Ascenseur somnambule.

Q : Les filles de Loth ?

R : La chanson de la chair.

Q : Barbares marchant vers l'ouest ?

R : Trente-trois fillettes descendent dans une mine de charbon.

Q : Il est évident que vous accordez de l'importance aux titres de vos oeuvres. Ne vous arrive-t-il jamais de les appeler simplement – signe d'extrême modernité – peinture (ou composition) suivi d'un numéro ?

R : La comptabilité me paraît être le comble de la disgrâce.

Q : Are you by any chance contemplating a visit to London ?

R : Londres est assez beau comme ça.

Q : Comment procédez-vous alors pour trouver les noms de vos oeuvres ?

R : Jamais je n'impose un titre à un tableau : j'attends que le titre s'impose à moi. Après l'avoir peint, je reste souvent – parfois longtemps – sous la hantise du tableau, et l'obsession cesse seulement au moment où le titre apparaît comme par magie. Des événements anodins de la vie quotidienne me viennent souvent en aide. Exemple : avant de partir en vacances j'ai terminé un tableau.

Il me poursuit, il exige un nom, il ne me laisse pas tranquille. Préoccupé de trouver le titre, je me promène au bord du lac, à Genève, quand une aimable personne m'accoste en me tenant ce langage : «Le prince mange mal». Je suis intrigué.

«Il ne s'agit pas d'un restaurant», me dit-elle. Je m'en doutais. «Est-ce le nom d'une rue?» Elle dit oui et prend le large. Le lendemain – j'avais oublié l'incident – je suis accosté par une (autre) aimable personne. Elle commence «Le prince –», j'enchaîne: «mange mal». Sourire complice de sa part. La rime aidant, le sens de la phrase devient clair :

Le prince mange mal
Dans son lit conjugal.

Le titre du tableau me traverse la cervelle au même moment. Il s'appellera : Les princes dorment mal.

Q : J'ai eu l'impression que le mot «création», appliqué à l'oeuvre d'un artiste, vous semble suspect.

R : En effet, le terme création artistique prononcé religieusement comme s'il s'agissait d'une mission que l'artiste doit remplir, et que cette mission lui soit imposée comme à un prêtre par un dieu, et que ce dieu soit Dieu ou l'artiste même, et que cette distinction l'oppose à l'homme du commun – non, je n'en veux pas.

En feuilletant le Premier Bilan de l'Art actuel (Edition Soleil noir, 1953), je tombe sur deux professions de foi d'artistes que l'ironie du classement alphabétique a placées l'une en face de l'autre. Je lis : «Ce que nous appelons l'art concret se base sur des lois qui sont les lois propres de la création sans emprunter des phénomènes de la nature, ni sous forme de «reproduction» ni sous forme de «transformation», c'est-à-dire «abstraction». L'art concret, dans sa dernière conséquence, est l'expression pure des lois de l'harmonie. Il crée des systèmes et leur donne la vie par des moyens artistiques. Il aspire à l'universel tout en se vouant à l'unique.»

Cette déclaration candide et directe a le mérite de trahir clairement les ambitions du groupe dont le signataire se fait le porte-parole : remettre sur pied le mythe périmé de l'artiste-créateur. Je ne peux pas m'empêcher de soupçonner qu'elle a pour but caché de remettre sur pied également le mythe de la Création par un Créateur omnipotent, connaissant les lois de la Création et de l'Harmonie. La connaissance de ces lois et le talent de les mettre en oeuvre seraient alors réservés à certains privilégiés dont Max Bill, le signataire de la déclaration, ferait partie. Son programme ne manque sûrement pas de fierté, il manque peut-être d'un peu de vérité. Lisons maintenant, sur la page opposée, de Jean Bazaine cette belle pensée :

«Cet élémentaire vers quoi nous tendons obscurément, c'est comme la terre même, le résumé d'innombrables couches de matériaux vivants. La vraie sensibilité commence quand le peintre découvre que les remous de l'arbre et de l'écorce de l'eau sont parents, jumeaux les pierres et son visage, et que le monde se contractant ainsi peu à peu, il

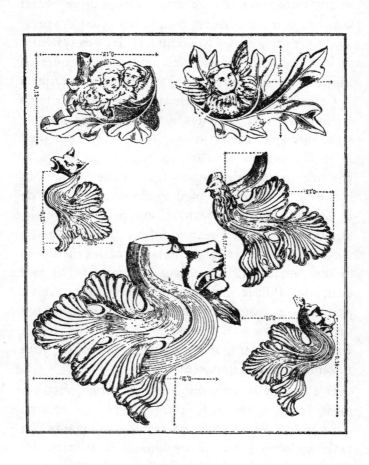

voit se lever sous cette pluie d'apparence les grands signes essentiels qui sont à la fois sa vérité et celle de l'univers.

«Il ne s'agit pas de faire à la nature de vagues signes d'amitié mais, très exactement de la signer, de prendre pesamment à charge son contenu et ses intentions.»

En lisant ce texte, humble d'apparence, grand d'exigences et de poésie, je retrouve avec un certain bonheur des affinités avec la démarche que depuis longtemps j'avais envisagée comme la mienne propre. André Pieyre de Mandiargues s'exprime ainsi : «qu'il (Max Ernst) ait choisi tous ses efforts à se fondre dans le grand concert universel, à se projeter dans les quatre mondes élémentaires, à obtenir une unité totale avec les trois règnes de la nature, au lieu de retirer son oeuvre de celle-ci et de vouloir l'en distinguer. Que telle démarche, dans son apparente humilité, soit le comble de l'orgueil, puisqu'en réalité c'est la nature entière que Max Ernst marque de son sceau, je ne dirai pas le contraire; mais nous n'avons pas le culte des modestes, ni de la modestie» (Le Belvédère. Grasset 1958).

Q : Pourtant, entre l'oeuvre de Bazaine et la vôtre, les similitudes me paraissent peu évidentes.

R : La grande capacité de recueillement de Bazaine ne semble troublée d'aucune perturbation. Son oeuvre, bénie des signes de l'unité et de l'harmonie, dégage un climat de bien-être spirituel peu commun à notre époque. Pouvoir lire, approuver et signer la nature me paraît un bonheur enviable. La volonté de la marquer de son sceau (comme dit de moi Mandiargues) indique des sentiments ambigus pour elle et n'exclut pas la révolte. Elle implique des turbulences et des volte-face.

«Chère madame la Nature :

«Cyprès, si loin!

«Vous êtes la plus belle des jardinières, mais votre main nous cache trop souvent la terre. Votre voix angélique habite la mer de la sérénité, mais vos flots amers effritent la terre. L'oeil de votre silence se mire dans un miroir volé.

«Chère mariée du vent, permettez-moi de prendre congé de vous. Je m'installe aux antipodes du paysage où j'habiterai l'écurie du sphinx et où à chaque retour de flamme je profanerai le printemps.

«Veuillez croire, chère madame la Nature, à l'expression de mes sentiments mélangés. Max Ernst.»

Mes vagabondages, mes inquiétudes, mes impatiences, mes doutes, mes croyances, mes hallucinations, mes amours, mes rages, mes révoltes, mes contradictions, mes refus de me soumettre à une discipline, fût-elle la mienne, les visites sporadiques de Perturbation, ma soeur, la femme 100 têtes n'ont pu créer un climat favorable à l'élaboration d'une oeuvre calme et sereine. Comme

mon comportement, elle n'est pas harmonieuse dans le sens des compositeurs classiques ni même des révolutionnaires classiques. Séditieuse, inégale, contradictoire, elle est inacceptable pour les spécialistes de l'art, de la culture, du comportement, de la logique, de la morale. Elle a en revanche le don d'enchanter mes complices : les poètes, les pataphysiciens, quelques analphabètes.

Q : Certains de vos amis poètes ont vu un changement radical dans votre démarche. Dans un article intitulé Le Bonheur de Max Ernst[1], Alain Bosquet dit : «Les toiles exposées cette année (1958), et que l'on pourrait placer sous le signe de la Touraine (pour plusieurs raisons : Max Ernst y est installé, dans un décor qui évoque irrésistiblement certains poèmes de Ronsard, aussi bien que la «douceur angevine» de Joachim du Bellay), marquent une synthèse de ses préoccupations successives et de la sérénité acquise pendant la période d'Arizona. Cette intégration a lieu avec un naturel admirable de fraîcheur, de féerie et de fine impertinence. (...) La fraîcheur et le naturel? Ils viennent de cette surprise qu'est pour Max Ernst le spectacle de l'univers en proie à ses propres mots d'ordre, et de la découverte de soi comme d'autrui, qui ne cesse de se reproduire. Le bien-être de l'Arizona s'est mué en féerie; il habite le merveilleux comme Alice habite le miroir; il le traverse, il en fait partie, il en est le maître. (...)» Qu'en dites-vous?

R : De l'âge de l'angoisse à l'enfance de l'art, il n'y a qu'un demi-tour à exécuter par la grande roue orthochromatique. Du massacre des innocents à la traversée du miroir, il n'y a que l'intervalle d'une nuit claire. La nouvelle dimension qui s'est installée dans mon oeuvre y a toujours existé à l'état d'ébauche. Avec le nom d'Alice que je lui reconnus, elle reprend son importance.

Présence d'Alice : à la conjonction des deux enseignes, dont l'une pour une école de harengs et l'autre pour une école de cristaux, trente-trois fillettes partent pour la chasse au papillon blanc, les aveugles dansent la nuit, les princes dorment mal et la parole est au noble corbeau.

D'après Patrick Waldberg, le changement serait plus radical; il équivaudrait à un renversement de signes. Il en précise la date (1942), il en analyse le premier symptôme (le tableau nommé Le Surréalisme et la Peinture), il en souligne la coïncidence avec ma rencontre de Dorothéa Tanning. Il dit: «(...) Le Surréalisme et la Peinture ... il semblerait qu'il (y) ait cherché à exorciser ses plus lancinants cauchemars. La forme centrale, dans son insolente laideur, y personnifie le malaise, et perpétue le défi dont étaient chargées déjà ces toiles anciennes, Figure humaine (1927), Henri IV, la Lionne de Belfort et un ancien combattant (1935), Le Déjeuner sur l'Herbe

(1936). Avec le monstre de 1942, toutefois, un paroxysme d'horreur est atteint, au-delà duquel il semble bien que le peintre ne puisse plus s'aventurer sans risques. La généralité du titre : Le Surrealisme et la Peinture, à la fois programme, position et, pour peu qu'on y réfléchisse, interrogation, indique que l'artiste s'est rendu compte qu'il dépassait ici l'accident. A vouloir cerner l'agitation des larves dont sa vie inconsciente est l'empire, il arrivait à s'y engluer. Il ne s'arracha en fin de compte qu'en renversant les signes : à partir de cette toile – que je qualifierais volontiers de maudite – on assiste à un miraculeux transfert, dans son oeuvre, de l'angoisse à l'enchantement. Si l'on se souvient que l'année de cette toile est aussi celle de la rencontre de Max Ernst avec Dorothéa, on ne peut pas s'empêcher de penser que celle-ci n'est pas étrangère à la transformation qui, vers cette date, s'opéra en lui et éclate dans son oeuvre[2].»

Q : Seriez-vous disposé à révéler, comment vous, qui refusez toute discipline imposée par une autorité quelconque, vous avez pu vous maintenir assez longtemps à l'intérieur d'un groupe qui se laissait guider et terroriser par un chef-de-file qui ne tolérait aucune dissidence et qui, dans l'exercice de son pouvoir, n'hésitait pas à appliquer des punitions allant de la simple remontrance à l'exclusion?

R : Les rigueurs sacrées et la parfaite technique de domination dont disposait le chef-de-file, comme

vous l'appelez, n'avaient de l'effet que sur ceux qui par goût, crainte, fanatisme, ambitions et autres vertus cherchaient à être des martyrs. Indispensables au bon fonctionnement du groupe, ils étaient assez nombreux et faciles à remplacer en cas d'exclusion. Rares étaient ceux qui, indispensables, eux, au rayonnement du groupe, pouvaient se permettre d'opposer aux méthodes de domination du chef leur volonté de non-subordination en cas d'erreurs ou d'injustices. Cela impliquait des techniques spéciales, difficiles, subtiles, compliquées, que certains surréalistes de la première vague ont élaborées et perfectionnées pendant les quelques années de relations plus ou moins amicales avec Breton. Eluard était maître dans ce jeu féroce. Amusant au debut, un tel jeu devenait ennuyeux, pénible, atroce, insupportable dans la mesure où les situations s'envenimaient, les désaccords s'accentuaient, les injustices et les injures se multipliaient. J'ai donc pris la décision de me séparer du groupe. L'occasion me fut offerte par la candeur de Benjamin Péret qui, en sa qualité d'émissaire du chef, se présenta à mon domicile illégal, 12, rue Jacob, un jour de décembre 1938 avec la mission de m'informer que, pour des raisons politiques, chaque membre du groupe surréaliste devait s'engager à saboter la poésie de Paul Eluard par tous les moyens qu'il avait à sa disposition. Ordre du chef. Tout refus entraînerait l'exclusion.

Cet acte me parut être le premier à mériter d'être inscrit dans l'Histoire de l'infamie.

Eluard avait déjà pris congé. Man Ray, Tanguy, amis de Paul, ne s'étaient pas pliés à la monstrueuse exigence.

Seize ans plus tard, ma rupture d'avec le groupe d'alors fut consacrée par l'excommunication majeure, prononcée par le groupe d'aujourd'hui, y compris le chef, ayant vendu mon âme au Vatican, mon intégrité aux marchands de Venise.

Q : Comment le peintre peut-il ...

R : Hirondil Hirondelle.

Où jadis une maison se levait, s'élève maintenant une montagne. Où jadis une montagne s'élevait, s'élève maintenant une étoile. Les asphodils jouent un concert pour cors et cris et orchestre, stridulent distinctement dans la nuit, forgent une tempête, éclatent de rire et s'endorment dans les yeux des asphodèles.

Le tout viole le néant. Le tout distribue quelques planètes. Le tout gobe des océans d'air frais et disparaît à l'ouest.

Et voilà, ô noces chimiques! Où jadis une étoile s'élevait, Hirondil Hirondelle se lèvent maintenant.

Oiseau de nos jours.

Promise du jour.

Chaque fois que des titanils circulent dans la bâtisse nommée monde, qu'ils frappent le sol en cadence en trépignant d'un rythme lent et régulier, chaque fois qu'ils font frémir la terre et les mers préliminaires, que fait Hirondil?

Il peint une image du monde sur les paroisses vides du monde. Il serre les poings. Il touche son front, et il chuchote d'un ton moqueur: O titanils, ô titanelles.

Les asphodils que font-ils?

Ils font le signe de l'accent circonflexe. Ils troussent leurs robes et blablattent d'exquises sottises. Mamamelle, la sur-mère, par pur caprice, met au monde un enfant âgé de dix-neuf ans et mesurant dix-neuf mètres de haut. Elle le nomme mon fils immonde, acéphale, itiphalle, surnain d'iniquité. Mais voici que l'hiver s'installe dans l'image du monde, que la neige se casse sur le sol avec fracas, que les éclats se dissolvent en ténèbres, que le bourdonnement des titans devient très perceptible, qu'ils font cliqueter leurs rapières avec emphase dans l'estocade avec verges et tringles et tierces jusqu'au fond dans les corps des vivants, et quand en outre ils piquent le soleil par derrière et par devant en plein visage, de façon que – advienne la félicité – la lune se roule à tes pieds – ô titanils, ô titanelles.

Et quand de nouveau ils versent leurs pluies et leurs briques sur l'Europe, la Kafkasie et la Kafkamérique (au lieu de joyeux compagnons et réjouissances) et que leurs têtes, comme il sied, deviennent pierres, leurs digressions jaune-moutarde très clair, leurs échines caniculaires, et que leurs plumes deviennent dur comme cuir, que fait Hirondil?

Il saisit par leurs queues de rats les titans, les durs-à-cuire, et d'un geste leur indique la route.

Hirondelle, que fait-elle?

Elle transporte le soyeux arc-en-ciel dans la rue latérale, l'y érige, le renverse. Puis elle revient à sa place et se jette à la renverse.

Les asphodils que font-ils?

Stupéfaits, mais pleins d'espérance, ils sacrifient aux titans un coq aveugle ainsi que d'innombrables poules aveugles. Et comme ceci ne sert à rien, ils lèvent les yeux vers la fenêtre et laissent tomber des paroles chrysanthèmes.

Hirondil, que fait-il?

Il met l'image du monde sous son bras, la soulève très haut, la baisse très bas. Il l'ouvre, il la ferme et la dépose sur la table pour l'aimable contemplation.

Hirondelle, où va-t-elle?

Elle avance vers la fenêtre et y installe une chaise. Elle saisit la poignée, retrouve l'équilibre et ouvre la fenêtre. Le ciel n'est pas libre. Elle hurle incompréhensiblement dans la nuit et referme la fenêtre. Puis elle revient à sa place et se laisse choir sur son lit.

Hirondil, où va-t-il?

Il avance vers la porte. Il tire la clef de sa poche, ouvre la porte, contemple le néant, ferme l'oeil droit et la porte, ouvre la bouche, compte ses dents, gobe le néant, compte les lunes, compte les saisons, hoche la tête et caresse son front.

Alors les prunelles de ses yeux deviennent globes terrestres. Il les prend entre le pouce et l'index, les roule sur la table, les fait éclater sur le sol, les lance contre le mur, les rattrape au vol et les fourre avec la lune et la clé dans sa poche.

Et voilà, ô noces chimiques.

O Hirondil, ô Hirondelle.

Où jadis une étoile s'élevait, maintenant une étoile se lève.

Où jadis une montagne s'élevait, maintenant une montagne se lève.

Où jadis une maison s'élevait, maintenant une maison se lève.

Huisme, 1959

Max Ernst

1) Quadrum.
2) Patrick Waldberg : Max Ernst (J.-J. Pauvert, éditeur)

Galerie Der Spiegel

Köln Richartzstraße 10, Telefon 21 56 77

Graphik, Bilder,
Plastiken und Objekte

Verlag Galerie Der Spiegel

Köln Trajanstraße 10, Telefon 31 28 90

Bücher
Künstler und Autoren

Josef Albers
Horst Antes
Paul Eluard
Max Ernst
Albrecht Fabri
André Frénaud
Rupprecht Geiger
Karl Gerstner
HAP Grieshaber
Helmut Heißenbüttel
Anton Heyboer
Werner Hofmann
Josef Mikl
Diter Rot
Willem Sandberg
Eduard Trier
Hann Trier
Heinz Trökes
Victor Vasarely

Josef Hirsal
Jiri Kolár
Jan Kotik
Vera Linhartová
Karel Malich
Milan Nápravnik
Ladislav Novák
Otakar Slavik
Zdenek Sykora

Edition MAT

Verlag Galerie Der Spiegel
Köln Trajanstraße 10, Telefon 31 28 90

Arman, Arp, Baj, Boriani. Borchers, Bury,
Christo, Elfers, Ernst, Geldmacher, Gerstner, Lichtenstein,
Man Ray, Morellet, Le Parc, Rainer, Rot,
Saint Phalle, Schäuffelen, Soto, Spoerri, Talman,
Tinguely, de Vecchi, Villeglé

Edition Portofolio

Verlag Galerie Der Spiegel
Köln Trajanstraße 10, Telefon 31 28 90

Albers Hommage to the Square
Anuszkiewicz Spectral Cadmiums
Christo 5600 Cubicmeter Package
J. Ernst Discography
Fruhtrunk 10 metastabile Kompositionen
Fruhtrunk Sechs Serigraphien
Fruhtrunk Farbbewegungen
Geiger Colour in the Round
Krieg Schwarzwald
Krushenick 10 mehrfarbige Serigraphien
Mavignier Punctum
Morellet Trames
Segal Sleeping Girl
Trier Echo
Trier Merops